PEQUEÑA POESÍA
DE CÁMARA

José Carlos Turrado de la Fuente

ED
RILKE

PEQUEÑA POESÍA DE CÁMARA
Primera Edición 2025

© José Carlos Turrado de la Fuente 2025

© Ediciones Rilke.
http://www.edicionesrilke.com
editorial@edicionesrilke.com
C/Dr. Fleming Nº 50, 4ºD
28036 Madrid
Teléfono: 34 91 999 13 12

ISBN-13:978-84-18566-52-3

Depósito Legal: M-28353-2024

PEQUEÑA POESÍA DE CÁMARA

JOSÉ CARLOS TURRADO DE LA FUENTE

La educación es, tal vez,
la forma más alta de buscar a Dios.

Gabriela Mistral

Dime que era verdad aquel sendero...

Bousoño

PROEMIO

En estos extraños tiempos de vigilancia tecnológica e inteligencia artificial (es decir, falsa) podríamos darnos un respiro, una pizca más humano.

¿Quién no ha fantaseado alguna vez, de joven, con salir de casa jugando a ser escritor, sin un destino en el corazón, armado solamente con una maleta, un sombrero y un cuaderno donde anotar ocurrencias, acrobacias y fugaces pensamientos? Aquí se los presento, heterogéneo cañamazo y caótica imperfección, tan errabundos y giróvagos como les resulta propio. Si bien es probable que muchos no trasciendan de irrelevantes bagatelas, quizá encuentren entre ellos alguna materia de su interés. Espero que les agraden.

San Juan de Torres, 25 de agosto de 2024.

0

Para la pluma, el libro
y el ángel que los puso aquí, en mis dedos,
vayan estos versillos,
sepulten la amargura castos besos.

1

Este pueblo de León,
desterrado en maragato,
desaprovecha el cultivo
y no lega ningún prado.
¿De qué vale morir libre?,
arrastran viento y vihuela
el pifanillo y su trino,
y el faisán en la cazuela.
Habrá que aventar las flores,
resucitar las praderas,
soltar razias de primores
por vaguadas y por vegas;
que retornen junto al sol
los amores del estío,
la nieve blanca en diciembre,
las estrellas con su brillo.

2

Un brin volante de tu voz tan fina
cazó mi corazón filosofante,
así nació, preciso en ese instante,
dama y doncel, el rey y hada madrina;
la dama de mirar aguamarina,
guerrero tan valiente y recio amante,
el rey que es rey por bueno y por constante,
el hada providente en su rutina.
Mi dama, ¡canta!, ¡que comience el cuento!,
mi pluma necesita material
para cumplir cabal el mandamiento;
sé dama, no me frustre en andrubial,
y llegue levadura al alimento
del hombre, no soy bestia vegetal.

3

¿Cómo suena este satén?
¡Amén!
Te alzas, bajas, montas, subes…
¡A nubes!
¿Quién me apresa con su lazo?
¡Abrazo!
Oración en mi regazo,
doxología en mi gesto,
discente, presto me apresto,
nubes, abrazo y amén.
¿Soy yo libre? ¿Estoy yo preso?
¡Un beso!
¿Libertad consiste en eso?
¡Dos besos!
No me convence el proceso…
¡Más besos!
Trague el sepulcro mis huesos,
¡rediela!, me convenciste,
suene a romanza o a chiste:
¡besos, besos, quiero besos!

4

Yo sólo creo en la ciencia
que me explica tu mirada,
me tienes solo y ateo
y la mecha se me acaba,
al crepúsculo doy besos,
deslumbrante a la alborada,
me devuelven sólo brisa,
soledad desesperada.
¡Ojalá pudiera el labio
remontar nube encarnada!,
¡ojalá fueran tu enigma
la llovizna y la nevada!;
pero no lo son, lo sé,
y tampoco lo es la almohada
que en esta noche tan turbia
me recoge naufragada.

5

Fui a posar un crisantemo
al altar de Recanati,
el lugar donde el Adriático
inunda este mundo errátil,
y allí hallé, en mi mismo estado,
a una mujer limpia y frágil,
bohemia como el cristal
y, como la brisa, lábil.
Sólo obtuve una mirada
de sus ojos, voz acuátil,
zarcos cargueros de lágrima
entre doliente y volátil,
y a hablarle no me atreví,
tímido como un Leopardi;
hoy enmiendo fugazmente
mi pacatería inhábil.
¿Por qué no dije "primor"?,
¡habría sido tan fácil!,
¿por qué se paralizaron
estos labios de quien, mártir,
todavía fantasea
con libar su verso en cáliz?
¿Por qué enmudeció de amor
este doctor en sintaxis?

6

¿Por qué me miras con asco?,
¿qué demonio te ha engañado?,
fina un pardal en mis tripas
y un agónico pecado
me arraiga en el seno mismo,
camina a la piel anciana,
yo, que fuera tan lozano
antes de tu cruel mirada.
¡Maldigo mi cuerpo entero!,
felona araño mi cara,
la saña que porto en uñas
las transforma en rancias garras;
¡por qué soy feo, Señor!,
no comprendo esta condena
que es el verte arder de amor
por aquél de tez morena.

7

Llevamos aquí enlazados
quién sabe cuánto, mi vida,
recostados y abrazados,
la mañana está perdida,
o ganada, que perdida
apela a dolor y enfados,
apelan estos cuidados
a ganar veraz la vida.
Respira, mi amor, respira,
¿es mejor otro vivir?,
el otro es una mentira,
siento el corazón latir
y te siento consentir,
lejos, la tarde conspira,
no la escuches, nos admira,
de ahí que nos quiera herir.

8

¿Quién soy? Respiro el aire
al quicio y a la puerta del Midi,
mis mientes la descimbran
y pican tu silueta en un tapiz,
silueta medieval
de talle grácil y gesto infeliz,
infeliz sin su trova,
la trova de mi clave empieza así:
"Un día que el mistral
llevaba rumbo a España su sentir,
nació en la bella Sète
un niño junto al puerto, echó raíz,
y cuando conoció
de Estonia una muchacha, cual jazmín
en su pecho se abrió
la flor de amor que colma el mes de abril…".

9

Que era una dama era cosa evidente,
es simple el distinguirlo al caballero,
el género ambos lucen, lo conocen,
cual gato y gata, jilguera y jilguero;
ligera se bajó al andén, Grenoble,
el mediodía trajo aires alpinos,
la sobremesa fue conversaciones
de fértil placidez y gestos finos.
Ya por la tarde muy más saltadiza
fue digna libertad, su diplomacia,
ella me prometió comprar el libro,
Grenoble buscaría, Isère o Francia;
ignoro si soltera o si casada,
¿y qué más da, en la tarde pasajera,
cuando es cosa de dos de confianza?;
¡qué libre es la mujer!, cuando es discreta.

10

¡Cómo apartas, niña pérfida,
al zagal que te precede!,
¿a qué vienen esas formas,
esa crueldad transparente?
¡Cómo a recios empellones
lo maltratas ante gente
y lo humillas sin piedad
con tu mofa intransigente!
Ya te faltará el acróbata
y maldecirás tu suerte,
solitaria en el sendero
entre fieras inclementes,
¿crees acaso que te toca
un esclavo que te quiere,
que el amor es un derecho
que cualquier persona tiene?

11

Testigos del rompimiento
de este díscolo coreuta
llevo y malgastan espacio
de mi mísera maleta:
llevo frascos de elixires
destilados de otras eras,
que ya no huelen a nada,
a agua inane y pordiosera;
llevo libros de memoria
con aforismos y esquelas,
en sucio, todos gazapo,
con conjuraciones necias;
llevo poemas vacíos
rechazados por princesas,
rechazados por patricias,
humillados por plebeyas;
comida podrida llevo
por estraza sucia envuelta,
bocadillos de pecado,
insulsos y sin esencia.
Lléname la fantasía,
muchacha hermosa de Brescia,
flote vacía en el lago
mi condenada maleta.

12

Figura del crucero, estás dormida,
reposo la cayada en tu peana,
el tálamo despierta tras la nana
y me abres tú los ojos complacida;
no temas, no hay pecado, mi querida,
que Amor es quien arraiga y quien se afana,
belleza tan divina y tan humana,
tan húmeda y mortal la amanecida;
rocío se regala en el bastón,
el tirso exuberante reflorece
y el rezo cobra visos de canción;
tesón ha precisado quien ofrece
tu son, al himeneo conmoción,
y extíngase aquél que no lo merece.

13

¿Qué haré? A gatas me arrastro
por entre matas, humedal y ababas,
siguiendo sutil rastro
de tus alígeras, leves pisadas,
mas poco he yo pensado
qué haría en caso de que te encontrara,
¿sindéresis más turbia?,
si pienso perderé la ruta franca;
¡siniestra maldición
de no ser a la vez ángel y humano!,
si pídote perdón
será reconocer cuánto he pecado,
y criselefantina
tu senda sigo suelto de tu mano,
pentélica Minerva,
tan dura con el hombre enamorado.

14

Amante inveterada,
vedraña de mi lecho,
la vida ha sido breve,
ya cae sobre su corazón la nieve.
Niña de mis dolores,
de albures mi lucero,
es marzo, mas no llueve,
ya cae sobre su corazón la nieve.
¿Acaso supo amar?,
aún no desespero,
la lealtad compruebe,
ya cae sobre su corazón la nieve.
Aquí me tiene en llanto,
al pie de su mortaja
ni el huracán me mueve,
ya cae sobre su corazón la nieve.
Un grave yo le doy,
entrego un dulce arpegio,
mi música se lleve,
ya cae sobre su corazón la nieve.

15

Tú me abrazaste joven y emotiva,
temores se esfumaron de mi pecho,
de entonces hasta aquí qué corto el trecho
que alfombro con memoria y fantasía;
las plumas del bulbul en mis rodillas
son rémiges rectoras de mi vuelo,
azores serpentean bajo el suelo
que hiende el esmeril de tu sonrisa.
Tú el libro de Temeris me acercaste,
intuyo tu solfeo en el dintorno
que cercan tus dos ojos de esmeralda
y al que, cuando me encarno, llamo torso,
tan recio y tan torzal tú me tramaste,
tan lejos queda el cielo tras mi espalda.

16

Eres en una artista y artesana,
y callo, por picante, trinidad,
versátil más que el agua limpia y sana,
disculpa del segundo la maldad;
te sigo yo animal y tú alma humana,
tu dicha es toda mi felicidad,
¡oh, fértil resplandor de la mañana!,
serosa vela aspira a tu bondad;
a ver abrirse el párpado y pestaña,
el pétalo y la entraña de un abril,
del mayo bello en el que fuerte encaña
tu talle tan galán y tan sutil,
¡oh, mírame, mi amor!, esculpe y baña
mis ojos con tu hacer, néctar gentil.

17

No sé bien hacer la trenza,
tu paciencia solicito,
que la urgencia no te venza,
yo la mía te acredito,
la deshago, la repito,
a caricias sin vergüenza
el aprendiz recomienza
este amante y suave rito;
ya te calmas, lo disfrutas,
¡qué más dará el resultado!,
tus manitas diminutas
te llevas hacia otro lado,
quizá no tan delicado
pero vello, y ejecutas
los sosiegos de las grutas
mientras trenzo enamorado.

18

Del rostro yo me quedo con el gesto,
escojo de tu mano la caricia,
del busto me encaramo a la delicia
y a acariciarlo nube yo me apresto;
al vientre canto, beso y le suplico
el poco de calor que necesito,
como en el tabernáculo te excito
y al quicio de su umbral labro y repico;
a Dios encuentro en labios, y en tus ojos
desvelo sus mensajes encriptados,
no me los escatimes, degradados
con mácula de vicios y de enojos.

19

Te persigo hacia la cava del castillo
atraillado tras tu estela deleitosa,
tu silueta de galante y regia ondina
¡rediez, cuánto me emociona!;
voy a hacerte yo presente
en unos ojos: Venosa.
Te sumerges en las aguas del Adriático
igual que una venusiana exploradora,
jugueteas con las olas entre espumas
desnuda como paloma;
voy a hacerte yo presente
en unos ojos: Ancona.
En la bañera nocturna, en madrugada,
anubla el vapor tu piel blanca y sedosa,
aturdes mi mente famélica y vieja,
sutil como mariposa;
voy a hacerte yo presente
en unos ojos: Ortona.
Y cuando amanezca por Villa Borghese
penetrará una brisa amante en la alcoba,
replisaré yo la sábana auroral,
en mi pecho tu corona,
voy a hacerte yo presente
en unos ojos, ¡oh, Roma!

20

Yo paso aquí, en mi pueblo, mi vejez,
ya casi nunca vuelvo a la ciudad,
gasto las horas solo en un corral
carente ya de fauna, de no ser
por el tronar de algún que otro tropel
de tordos y palomas, revolar
que más que bien me suele sentar mal,
y me dedico sólo a releer.
Hasta la sobrenoche muy a menudo
sobre un sillón vetusto permanezco,
y ringla a ringla tenue me adormezco,
sin interés por libros que acumulo;
la luna asoma un lactescente mundo,
estéril es candil matando el cielo,
no pocas veces ha sido mi lecho
el raso de este patio reo, oscuro.
A veces, espectral, te me apareces,
desnuda, juvenil como una ninfa,
llegada desde el atrio, por la esquina,
y vienes hacia mí a pisadas leves;
pareces la lechuza de las nieves,
silente y elegante, mi minina,
la nana que me besa peregrina,
como un heraldo de belleza y muerte.

21

¿Ensalmo de mis enojos?
¡Tus ojos!
¿Por quién mi voz canta loca?
¡Tu boca!
¿Qué sabe mejor que miel?
¡Tu piel!
Rasgo con tinta el papel
que será eterno recuerdo,
torpemente yo concuerdo
papel, ojos, boca y piel.
¿Qué hace divina a la Nada?
¡Mirada!
¿Qué hace de ripio un zafiro?
¡Suspiro!
¿Por qué es la vida delicia?
¡Caricia!
Y hacen bondad la malicia,
y hacen placer del dolor;
cual belleza hay en la flor,
implanta en mí tu justicia.

22

Abundan escribanos
que habitan muy complejas teorías
acerca del poema,
con alma lapidaria y vanguardista,
que lo prefieren libre,
dechado de apotegma, creativas
criaturas de este siglo
que vierten en la voz esencias místicas.
Emplean sus versículos
para plegar el mundo a sus conquistas
y doctas invenciones,
que lo usan como pura medicina,
cartel, arma, laxante,
comida, pasta, prosas homicidas.
Por supuesto, son genios,
modesto es más mi plectro, más mi lira,
y tengo yo bastante
con que de vez en cuando, algunos días,
leas un verso mío,
lo juzgues bien bonito y me sonrías.
¿Hay conquista más alta
que el monte donde reina tu sonrisa?,
¿una ambición más noble
que tu felicidad, hermosa niña?
Escribo para ti,
también para otras almas francas, limpias,
no es cosa de inventar
en lo que a mí respecta poesía,
que es algo que se encuentra,
veraz la poesía ya está escrita
y sólo saldar deuda
es toda pretensión de este coplista.

¡Ay, quién fuera capaz
de darte un texto nuevo cada día,
anheloso en tu almohada,
soneto junto al agua en tu mesilla!;
así que abres los ojos
humilde el portavoz da bienvenida,
aniaga es el dulzor
que embriaga la pupila bella, henchida,
y se ilumina el mundo,
igual que santo, así empieza la Biblia:
Dixitque Deus: Fiat lux.
Es toda la misión de este levita.

23

Podrías no decir nada, mi dama,
que yo te escucharía siempre igual,
¡qué poco significan las palabras!,
lo que quiero de ti es el recital;
pensar es brega, inane es mi trabajo,
en ti me acuesto para descansar,
suspiro y el melódico artefacto
me lleva a tus concentos de coral;
no calles, no te ofendas, no es insulto,
indúltame confeso, que es amor,
en ti yo me recuesto y te disfruto,
ya llegará mañana mi dolor;
hermosa melodía, dama orquesta,
trasfondo pon al alma musical,
¡qué haría yo sin ti, si me faltaras!,
Satie te imita, no se le da mal.

24

Por la noche hablas sola,
yo escucho obnubilado,
me cubro atemperado por la colcha;
después, ya el sol medrado,
trasladaré al cuaderno
el verbo cosechado de tu estado.
Por la noche oigo tiernos
mensajes de tus sueños
e intento transcribirlos al recuerdo;
luego, cuando despierto,
cocino el alimento
que al alma ha de valer como sustento.
Ocaso es en mi feudo,
acecho en mi morada,
el cálamo se sume en tus bostezos.

25

Un jácaro se burla de mi suerte,
te muerde en mi presencia y te magrea,
te prende entretenida, loca y rea,
el pájaro de amor trina a la muerte;
el lujo de mancharte y poseerte
no sabe disfrutar, sólo alardea,
mi rosa de pasión amarillea
transida de amargor, ¡qué cruel perderte!
Su mofa en losa de mi sepultura
reposa, lápida de humillaciones,
musgosa roca más pesada y dura
que suave el esplendor de las canciones,
dura la piedra más que el cuerpo y pura
mi angustia olvidarán generaciones.

26

¿Por qué lloras, vida mía?,
¿es porque marcho mañana?
Larga es la noche y es sana
nuestra humana melodía;
nunca muere, en fin, el día,
muda de nombre nomás,
sea *vivace* el compás
de tu pecho y tus caderas,
en mis ojos hay calderas
y en mi corazón hay más.
Es amor, que no fallece,
vase el cuerpo, no el amor,
¿o es que al morirse la flor
con ella Beldad fenece?
La verdad siempre en sus trece,
crece y crece, día a día,
en quien vive, en quien porfía.
Dejaré sobre tu mesa
media décima, princesa,
la otra media en mi alcancía.

27

Aquí, en un hostal de Arpino,
al domingo yo saludo,
al costado mi Terencia,
mientras suena un tentenublo,
y a una flauta sopranino
reminiscente diluyo
sonatinas por tu cuerpo,
infantil, cansado y sucio.
Más allá de la ventana
las sisellas con su arrullo
clavan tildes al compás
de los besos crespos, turbios,
que te incrusto entre las piernas
al timbal de flacos muslos,
lontananzas de relámpago
deslumbran cielos obscuros.
No me gimas en inglés,
utiliza el credo tuyo,
que lo entiendo, ¿qué te piensas?,
sólo hablando me aturullo,
porque soy perfeccionista,
¿no lo notas? Ya acumulo
entre nota interjección
del latín que funda mundos.

28

Salgo de misa en San Jorge
y entre incautas palomitas
apareces alta, esbelta,
más galana que una ninfa,
vengo a hacerte yo presente
en un rostro, en Reggio Emilia;
voy a prenderte al cabello
gardenia de mi acentía,
toda albera y suculenta
mientras la tarde declina,
vengo a hacerte yo presente
en un rostro, por Latina;
este rocín andariego
ante tu altar se arrodilla,
ante tus ojos galopa,
ante tu balcón relincha,
vengo a hacerte yo presente
en un rostro, por Tarquinia.
Cuando amanezca despacio
detrás de la Porta Pía
voy a sedarte con besos
en los ojos, *signorina*,
vengo a hacerte yo presente
en un rostro, ¡oh, Roma mía!

29

En este mundo chatarra
hay trombos en las arterias,
sólo es posible vivir
si dejas que el alma muera,
consentido está seguir
sólo a quien pague y se pierda;
pago mal, y renegado,
pero pago, así perezca.
Pero deja que me lleve
al Infierno tu silueta
tomada del natural,
del perfil una presea,
blanca como blanca piel
de marfil, para que pueda
conservarla para siempre,
mi recreo en la condena:
la frente tan despojada,
tu mirada limpia y buena,
tus mejillas encendidas
entre suaves azucenas,
los labios con tu sonrisa,
tu mentón y aquella esbelta
curva delicada y fina
de tu cuello de doncella.
¿Por qué corres?, ¿de quién huyes?
Haces bien, niña discreta,
buril y alma condenada
no te conviertan en piedra.

30

Cuento despacio tus dedos,
con los dientes, delicado,
me dedicas tú los tuyos
en una sonrisa, blancos,
se diría esta mañana
que tenemos cinco años,
si nos viera algún vecino
pensaría en educarnos.
Perderemos más el tiempo,
seguramente, en el baño,
y es que el agua, si es caliente,
ralentiza al más pintado.
No puede ser, es mentira,
me han salido veinticuatro,
volveremos al principio,
a primero, ¡al parvulario!

31

En la Roma de Petronio,
harmónica entre mis labios,
al alba de este domingo
tú bostezas a mi lado.
Ya más lejos está el sol,
lo saluda tu astrolabio
y colmado mi deseo
te musito un poemario.
Este Escolpio peregrino
noctámbula te ha encontrado,
cuando la fuente de Trevi
se dio un respiro ensoñado,
vate tardo, hispano chueto,
atónito ha celebrado
la centenaria ascendencia
de tus muslos apretados.
No respondas en inglés,
háblame buen italiano,
que lo entiendo, no te apures,
mejor si lo haces despacio,
venza el romance festivo
y no el chusco de dïario,
el de aquellos basiliscos
peseteros y ordinarios.

32

Verás, doncella romana,
¿cómo sabe el dulce arrope?,
cómo explicarte, es difícil,
acerca tu piel y su roce
quizá active mis palabras,
estoy ebrio y veo doble,
veo seda del primero,
en un segundo, ¡el arrope!
¿Y la piña?, ¿y el durazno?,
¿la naranja?, ¿la frambuesa?
Difícilmente, mi niña,
saldrás de mi lecho ilesa;
¿por qué serás tan curiosa
si tienes vocabulario
para colmar de sabores
un entero diccionario?
¿Quieres algo más salado,
más enjundioso y caliente?
Si quieres esa lección
te tendré que hincar el diente;
en la lengua de Arïosto
dime, ¿cómo decís "vientre"?
¡Ay!, me va a reñir el médico,
o quizá pierda un clïente.

33

¿Por qué no vale la pena
pervivir siempre tan pobre?
Su pellejo hecho de cobre
y su mimbre hecha de vena
esta ensenada enserena
y la mar escucha cauta
sus oleajes de flauta,
remecientes entre luces,
en el camposanto cruces,
y la luna canta y pauta.
Tú te sueñas marinera,
loba vieja en Cartagena;
naciste empero sirena,
reina, madre y limosnera.

34

Aprendo a soplar tus ojos
y al principio te molesto,
tu ceño reprime enojos
y se remueve tu gesto,
pero luego, recompuesto,
los párpados cejan, flojos,
expresan otros congojos
a los que diestro contesto,
pues seguido, de inmediato,
tu placer es de mujer,
tus anhelos colmo, acato,
y acaricio tu taller,
alhajada y sin querer
te relajas como un gato,
es de brisa este contrato,
de alborozo es el mester.

35

Calles parecen recuerdos,
niebla envuelve la terraza,
sólo se escucha silencio
y un gato errabundo pasa,
gusto triste y solitario
la amargura del *spritz*,
de amargores me empalago,
de estar en Siena sin ti.
Pendones vetustos, lacios,
cuelgan de las barandillas,
una niña me saluda
y la ignora este suicida,
acaricia sólo el humo,
el cigarro y la colilla,
vine quizás a morir
a esta tierra bendecida.
Y va cayendo la tarde,
olvido Filosofía,
luego les tocará a Historia,
Latín, Griego y Biología,
yo, que tantas cosas supe,
ni siquiera sé sentir,
en mis oídos la tumba
de estar en Siena sin ti.

36

Si alguna vez yo fui un hombre iracundo
ya ningún rastro queda del pecado,
dïestra me has domado, mi maestra,
con sólo concederme tu costado,
me inspiras, me maduras y te imito,
tan sin reyertas
enamorado,
gallardo, pero manso de tu mano.
Si alguna vez tuviera que matar
lo haría con la mente sana y fría,
consulta pediría a Jesucristo,
consulta a ti también, tutora mía,
te escucho atentamente a cada paso,
reconfortado
mido mi esgrima,
mi espada templo en sabias herrerías.
Venus, Vulcano,
por esponsales,
por los paisajes
pasan triunfales,
arcos de flores
y de frutales
crecen, revientan
preces y paces,
derraman por campiña y serranía
felice la acordada disciplina,
y no es asunto vano, veleidoso,
pues soy coloso de simpar medida,
la guardo para amarte en lecho, en andas,
trepas a costas,
corcel y auriga:
celebre el mundo augusta romería.

37

Lléname la fantasía,
muchacha hermosa de Prato,
quizá luzca chocarrero
pero, te juro, hay espacio
en mi lengua tan burlesca
para algún verso inspirado,
te musitaré a la oreja
el mejor de mi legado:
aquél que dice "te veo"
y dice a la vez: "Te amo";
quizá aquel otro que empieza
con un tibio besamanos
pero rima con las ascuas
de mi pecho enamorado;
puede que uno que no existe,
en el que estoy trabajando,
sin esfuerzo, sale solo,
que comienza: "Un día en Prato
un ángel bajó a la tierra,
sinigual, divino, humano…"
¡No te vayas, quédate!
Perdón si te he molestado.

38

Lo que no entienden las gentes
es que no eres un artista cuando vas:
es poeta aquél que vuelve.

39

Si se les muere el pollo a las sisellas
retornan igualmente hasta su nido,
lo rondan, picotean el contorno,
intentan recordar, "¿a qué he venido?",
y vuelven, muchas veces, no se cansan,
¡es tanto fruto y tiempo el que han perdido!,
llora el corazoncito que a las pobres
contempla así extraviadas y es testigo.
Perdona que yo siga componiendo
poemas para ti, con tanto ahínco,
dijiste "no te quiero", me olvidaste,
yo a ti no te lo dije, aquí prosigo,
dijiste "en fin, te dejo", aquella noche,
yo a ti no te dejé, sigo en el nido,
volaste a un más allá, supongo, asumo,
yo tengo mi "te quiero" aquí en el pico.

40

El Rey los convidó a la santa boda,
tras de la invitación hubo desdén,
¿qué mentes eminentes y orgullosas
osaron humillar a quien es rey?
El Rey hizo de rey, el mar de mar,
de polvo el polvo y la Nada también,
me veo en el convite de repente,
yo soy un pobrecito, ¿qué sé hacer?
No me eches, por favor, del matrimonio,
ya sé que galas porto sin nobleza,
no te quiso ofender mi saya rota
ni el sórdido bardal de mis guedejas,
traje no tengo más que estos andrajos,
peinéme con los dedos la cabeza,
no me eches, ¡ay, mi rey!, del desposorio,
nomás sé hablar, escucha a quien te reza.

41

¡Qué bella fue mi dama, distinguida
como reina de un cuento!,
su túnica, marmórea y sin aristas,
una azucena al viento,
turberas de Turingia florecían,
pradera y tallo esbelto,
¿he vuelto por ansias de tu sonrisa?,
lo sé, no la merezco.
Las traveseras de aquestas fachadas
son vetas de mi cuerpo,
emblema de los sólidos fustazos
que llevo por de dentro,
execro mi estrambote y diapasón,
mi corazón mostrenco
y, mientras, la valija sobre el tálamo
destripo entre lamentos.
No debo yo encontrarte,
tan sólo rastrearte entre los tejos,
las hayas y los robles,
buscándote igual que a un sagrado cedro,
por bosque, por ciudad,
mas debo socallar si acaso veo
franca tu realidad
por la quimera que urdo y fantaseo.
La cálida posada
humea con vetusto olor añejo,
amiga, ¡cuán dichosos
pudimos retoñar y cuán abiertos!,
¡qué hermosa luce Weimar!,
¿acaso Gotha no es edén maestro?,
la plaza del Mercado
acoge mi trivial aturdimiento.

Tus ojos, obsidiana,
los míos, un pellejo,
tus labios, dos rubíes,
los míos, dos engendros.

42

No discutamos, querida,
que si es madreselva o hiedra,
no me dejes si te gano,
la enseñanza no se pierda
y aprendamos de consuno
el porqué de contumelias,
ya me vencerás mañana,
que es por siempre el alma lega,
pues si Píndaro bebió de estas praderas
ya ha medrado, desde entonces, hierba nueva.
No te juegues la fortuna,
si podencos o lebreles,
el alma muere de orgullo,
si es lentisco o son laureles,
el acanto y el tomillo
a la diadema el prudente
sumará, y en tu flequillo
lucirán resplandecientes,
pues si Horacio se nutrió de estos deleites
ya se suman los hechizos de tu mente.

43

Yo tengo un huerto junto al memorial
de los augustos padres de mi estirpe
do arraigan seis higueras y un nogal
y tres perales. Tapian sus confines,
al sol primaveral, bardales simples
en los que anidan pardal y zorzal,
y los rayos de aljófar cenital
se expanden en aromas bonancibles.
Prorróganse los días y yo allí
me paso melancólico las tardes,
escucho de las aves el flautín
y se mueren las horas; recitales
de flor de retamales y frutales
mi desamor amansan, sin latir,
e indago en un saúco al alevín
del cuco tan taimado y tan terrible.
Si hay suerte, duermo siestas sin final,
y nunca acabo yo de estar despierto,
mi huerto me sirve para soñar
que un día tú apareces en mi pueblo,
irrumpes joven siempre y yo contemplo
tu estampa, nuda, bella, que al entrar
de blanca luz inunda la brutal
certeza de que habrán de hallarme muerto.

44

Hoy el chantre de tu templo
te musita una tonada
al oído matutino,
el laúd en la mirada,
y la flauta de sus labios
suena leve, a brisa alada,
sale el sol, allá, ambarino,
y hay calor de serenata.
¡Pero qué haces, niña abstrusa!,
¡para qué esa bofetada!,
te faltará no tardando
la música en la mañana,
ya será el sol sólo fuego
y la vida será arcadas
tras agraz medicamento
que engullirás para nada.

45

Cobijada tras tus faldas
alimentas el brasero,
aquí abajo desespero
arqueando las espaldas;
me excitas, hielas y escaldas
con tu fragancia y tu nube,
ora tiembla y ora sube,
ora para y ora baja,
siempre atento te trabaja
este estólido querube.
Si te toco te despierto,
¿recibiré alguna coz?,
¡chist!, ¡silencio!, ¡ni una voz
me prive de este desierto!

46

Me finjo un Holofernes de esta plaza,
maléfico impostor a quien hechizas,
quisieran caminar mis miembros rengos
detrás de tus estoques y caricias,
albricias lanzo al aire florentino
de cuyas fuentes eres dueña, ondina,
mas mudas son mis artes y comedias,
santas las humedades de tus piernas.
Si en algo he prosperado es en oírlas,
colgadas en museos, en sus sargas,
sedosas, silenciosas y tan vivas,
hermosas, vigorosas y tan largas
que creo verlas, noches, entre estrellas,
uniendo con zancadas las galaxias;
cuando, por tarde, reinan los cerrojos
mis díscolas orejas son mis ojos.

47

¿No te cansas, travestido,
de fingir, tan largo el día?
¡Quién pudiera ser tu espejo
y cazarte en la falsía!,
¡ser el algodón lustral
que te enfrenta ante tu hombría!,
¿de qué vale pues, entonces,
tu hecatombe y gritería?
No es a ti, es a tu locura,
tu niñez y cobardía,
jamás por perjudicarte,
pues el loco desvaría,
y es sufriente su sentir
y simiesca su alegría.
Yo te exijo la verdad,
que es tan tuya como mía.

48

¿Cuál solvente argumento religioso
podría alguien hallar nunca mejor
que el sano resplandor de tu Presencia
ya cerca o lejos, siempre alrededor?
No entiendo yo el rencor de jumentales
fantasmas que se sienten agraviados,
que ingrata dicen que eres, ¿es posible?,
y exigen recompensa a sus cuidados.
¿Cuidados? Serán los que han recibido,
el árbol no les deja ver el bosque,
que sepas que a mí sí, que yo te veo,
te veo cenital y bella y noble;
nobleza, cenit, virtud y beldad
contemplo y mi vivir es gentileza,
en ti residen, plena realidad,
es ledo mi penar, fugaz mi queja.

49

Mi anhelo es emular al periquito
que por las tardes sacas de la jaula,
lo posas sobre el hombro, sobre el dedo,
cariños le dedicas y cucadas,
pero se me da mal, lo reconozco,
¡quién le llegara a cinta en las sandalias!,
no puedo, con justicia, yo aspirar
a un puesto que desborda mis audacias.
Es aspirar a justo, más que a humilde,
reconocer mi puesto limitado,
ya abuso yo de más, seguramente,
viviendo misceláneo en ordo humano;
de día yo te ensueño allí, a lo lejos,
las madrugadas paso yo estudiando,
quizás aprenda un poco el carreteo,
pïando el pïolar, gorgoritando.

50

Por honrar a Juvenal
salí una noche de juerga
y en Aquino, la ciudad,
más rural que palaciega,
mientras olía una flor
de coral sin santo y seña,
me topé con la violeta
bautizando a una doncella.
Solitaria en un balcón
y algún aria en la cabeza,
una brisa del Tirreno
su fragancia de hembra nueva
me lanzó y paralizó,
y me acerqué a su silueta,
que fue luego dos oídos
y a las dos ya fueron piernas.
Quiso hablarme ella en inglés
con su lengua rejileta
que todavía ha de ungir
esa tierra que hermosea
con su belleza inmortal,
con su voz y su presencia.
"Preséntate en italiano,
que yo aspiro a ser poeta".

51

Cuando en verano subo a las montañas
para ofrecer exvoto al atalante,
me escrutan con fervor en las entrañas
los buitres, mis hermanos de talante,
en alabanza del titán gigante
le poso en la cimera una balada,
le pido, y vuelvo al pueblo en la mañana,
un año más de vida, de esperarte;
serrana con progenie en el sendero
me cruzo, y no se guarda el comentario,
que espera mejor sea el nuevo texto
que aquél que a ella ofrecíle dedicado,
y ríe, y yo me río, y luego callo
muy triste cuando dista ella muy lejos,
no vaya a ver llorar a este perplejo
que zambamente apoya su cayado;
¿por qué no puedo ver, me cuesta tanto,
que soy torpe escribiendo, soy muy malo?,
lo que es tan evidente al ojo humano,
¿por qué no me apercibo y no lo acato?
Encono en mejorar, sigo estudiando
y ensayo aquí desde los trece años,
diez horas, veinte horas, todo el rato,
jamás igual al mío hubo un fracaso.

52

Vende su paz el débil, no lo olvides,
el débil no es humilde ni es mejor,
ni es bello ni es más justo, más juicioso,
ten juicio, hay que luchar con compasión;
para la vida es malo, eso seguro,
por eso hay un problema que enmendar,
si no fuera por eso, ¡que lo ondulen!,
con no dar la propina bastará.
Soberbiamente exige la modestia
al bravo y fuerte, nunca para sí,
tan cínico, dirá que es oprimido,
y llorará al perder, es su oprimir;
la envidia lo corroe, tenlo en cuenta,
no busca ni argumento ni opinión,
cualquier bandazo vale en su panoplia,
parásita es su ley, confrontación;
avaro mientras dura, sustituye
riqueza con mondongo, y le da igual,
al cambio saca renta de la nada,
no es nada más, dirá, la realidad;
perezas favorecen a su causa,
es su propia versión de democracia,
noble trabajador es enemigo
de este nuevo izquierdista, que es canalla;
mas la ira no ha perdido, ni por pienso,
colérico, doctor sentimental,
no teme a la contradicción absurda,
le vale y sabe asaz utilizar;
en la lujuria insiste y se azacana
como el rapaz que es, siervo de Onán,
y orienta presto el tono de este virgo,

por sacra y gran virtud, la vanidad;
la gula representa, ya en el sótano,
el arte primordial del resentido,
que la manduca es el universal
que sabe bien y más hondo ha aprendido.
¿Qué hacer, cómo vencer a este soldado
cobarde, que triunfa por derrotado?
Si pierdes has perdido, eres su esclavo,
si ganas es peor, caes de su lado.
La lástima, presiento, es la estrategia
antigua que se debe utilizar,
y sobra la palabra y el debate:
jamás te enfrentes, Fausto, a tu Satán;
al fin y al cabo el pobre está sufriendo,
su mísero penar no le alimentes,
anúlalo, dale un hogar, cariño,
que llore, dale protección, juguetes.

53

Te yergues tan arcana y tan cansada
como una gondolera al fin del día,
caída a pie de mar y al fin vacía,
serena la laguna tu tonada;
tu talle de nereida enamorada
te briza sitibunda, sierva mía,
hoy debo liberarte, en mí confía,
ya viértete en la luna cual cascada;
sueño tu piel caliente en mis tapices,
por la nocturnidad de mi palacio
mis máscaras, mis fastos y deslices
ya abandoné, desnudo está el espacio;
te pido que me quieras, me utilices,
y corra madrugada más despacio.

54

Forastero de esta casa
será quien nos echará,
melancólica me miras
en nuestro lecho nupcial;
yo triste la profecía
convierto en una caricia,
deleitable a tus oídos
ronronea la ironía.
Ambos dormimos, es noche,
el día de fuego asoma,
tu pelo brilla agitado
y amanece con tu aroma;
mas el fuego quema, abrasa,
me recibes con cenizas,
siento llamas pecho adentro
cuando aún tú me acaricias.

55

Compito con Licaón,
sus aullidos desafío,
peleamos por el bosque
este invierno, yermo y frío;
él es fuerte, y me derrota,
yo tirito como un crío
en tronco de un árbol hueco,
junto al lirón en su nido.
Si escucha unos gemiditos
por la noche, piense en mí,
ya quisiera ser valiente,
ya quisiera ser viril,
no se asuste, que si un perro
mísero me trata así,
¿qué su fuerza susurrante
podría lograr de mí?

56

Gobierno que se llama voluntad
se impone a paso mío y es destino,
no midan los caudales por ganancia,
más vale ser arriero que borrico;
alforja libertaria y liberal
se mece a la cadencia de caderas
de quien, lozana, camina mi mente,
la vara cual florida primavera;
canchal, erial, estepa, pedregal,
o ubérrimo vergel del hortelano,
riscal, barranca, ciénaga, marjal,
diciembre deponente o en verano,
el quién de a quién seguir vale por norte
a quien signa este verso así, al desgaire,
que poco se preocupa por sus pies
y más por que jamás le falte el aire.

57

Mi huérfana es falaz y sedicente
rendida en su agotada residencia,
regala su embeleco y su paciencia
a quien se acerca franco y obediente;
sus írices son cielo incandescente,
su voz es un enigma de la ciencia,
su tez albera altera mi consciencia,
mi mente se entusiasma si es cedente.
Prefiero sus mentiras a las mías
verdades de inocente condenado,
pues falta al penitente algo de euforia;
las mías serán ciertas, más vacías,
al menos dormiré más arropado,
¡ah, santa vacuidad de su memoria!

58

En esta vida chatarra
faltará toda alegría,
ya no hay nadie en el sendero
y el combustible agoniza,
ya se rechazó mi amor,
se perdió mi poesía,
Satanás me aguarda ya,
voy entrenando la firma.
Pero deja que te mire,
bella niña, dulce ninfa,
que me marche a mi condena
con tu imagen en la vista,
necesito conservarla,
grabarla en el alma mía
que transita hacia el Infierno
en fatal postrimería;
que como orive en platino
mi formón talle tan fina
tu crin de satén sereno
en liviana sacudida;
que cual pintor nazareno
tu tez de marfil y brisa
célica estampe en medalla
que llevar en la pretina;
que tu cuerpo tan esbelto
de prodigio y bailarina
desde el cuello hasta los pies
que mullen rosas y prímulas
pueda contemplar al menos
cuando la brasa enemiga
me devore el cuerpo entero
y lo escupa sin salida.

Cede postrera mirada,
una última sonrisa,
un adiós a la belleza,
una última caricia,
una cesante delicia
que esconder en mi agonía,
el receso entre dolores
llamado melancolía.
¿Qué sucede? ¿Por qué corres?
¿Por qué escapas, alma mía?
¡Que no pueden ya seguirte
estas zancadas malditas!
¡Ah, qué escena tan risible,
tan miseranda y ridícula!
Trompica el cuerpo ya solo
de camino a la ordalía.

59

Él, Alfeo, te persigue al pueblo tuyo,
esa aldea hecha de estíos castellanos,
tú rehúyes su pasión tan terrenal;
tus dovelas, Aretusa, ceño crudo
de ciliares, romos y ensoñados arcos,
no se ablandan por cortejo ni cantar;
en papiros de abulenses Siracusas
elegías de delfín van aflorando,
¡ay, fontana de donoso material!;
su lamento sala mares de amargura,
tan lontano el sufrimiento del arcadio,
tan cercana el agua en dulce manantial.

60

¿Por qué me quieres, sirena?
Soy buena.
¿Por qué me quieres, buen hada?
Y honrada.
¿A cambio de qué, mi amada?
De nada.
Gracias, creatura alada,
ni sé cómo contestarte,
¿cómo podrá compensarte
esta fiera redomada?
¿Qué buscas tú en mí, primor?
Amor.
¿Nada más? ¿Sólo es por eso?
Un beso.
¡Te daría el universo!
Un verso.
Te dará mil el converso
y un millón si hiciera falta,
¿cómo criatura tan alta
bajó a un hombre tan perverso?

61

Por querer ser como tú
ennoblece la salvaje,
crecen civilizaciones,
deponente la barbarie;
¿cómo tamaño poder
detentas, si ser humano
dicen que eres, como todos,
y no divinal heraldo?
Te interrogo y me respondes
con tu voz, que suena a salmo,
de modo que no convence
tu humilde credo cristiano;
¡oh, doncella castellana!,
¿en qué libro quedó escrito
cuántas cruces de tu mano
limpiaron el laberinto?

62

Cisalpina *signorina*,
¿cuánto no te habré soñado?,
¿cuánto en tu honor no habré obrado
y en tu iris aguamarina
ante el que el ciego se inclina?
Es arte y no es un deporte
lo que traigo desde el norte
cual tesoro en mis baúles,
gualda, amoratado y gules,
por ser siervo en tu cohorte.
Y en salva sea la parte
no es concupiscible el beso,
conspicuo, certero, expreso
de amor puro el estandarte
sin más fin que el alegrarte;
festivo, jamás liviano,
lúdico como el verano,
tórrido como lo es julio,
todo pasión mi peculio
al cimbel de tu ojo aciano.

63

¡Ah, mi hermano, Licaón!,
¿por qué quieres destrozarme?,
fui expulsado por el día,
¿la noche no la compartes?,
¿dónde iré?, ¿qué haré de mí
con Cibeles de tu parte?
Piso trampas y piteznas
escapando de tus fauces.
Se me vedó la ternura,
¿para mí no habrá aspereza?,
compañía, intimidad
me negaron las princesas,
¿tampoco el maltrato rudo
me depara esta cadena?,
¿no va siquiera a acogerme
el Hades bajo la tierra?

64

En estas playas bravas, portuguesas,
te aduermes, y las olas placenteras
son nana, son rumor,
tus prendas te vigilo, son lemniscos
para este paladín de tus solsticios,
te cuido el esplendor.
Que nadie se te acerque, que ya sueñas,
tu tez un sol mayor que las *estrelas*,
afina el diapasón
acordes de la chica vihuelilla
que traje de mis huras de Castilla,
agudo hasta el bordón.
Mujer y mar, las olas son enormes
allá en la lejanía, y trenzo acordes
bajito, alrededor
del rostro que sestea y que sonríe,
desnuda la menina, arena virgen,
prendado un corazón.

65

Pareces consternada por tu edad
mientras de diez en diez te mido a besos,
unos diez por cada párpado,
otros diez por cada pecho.
La mujer del vinatero,
buen otoño y mal invierno,
refranes de mi tierra me enseñaron,
el resto lo aprendí sobre tu cuerpo.
No temas, tócame, soy calendario
mucho más servicial que el de pared,
de carne soy y sediento
y el otro es sólo un papel;
oídos a tus consejos,
los que me calman la sed,
mejores que el refranero,
orejas tras de la sien.

66

Me da envidia tu perro, lo confieso,
porque su grato hogar me queda grande,
¡quién fuera hábil y bello como él
en vez de un bicho guarro y repugnante!,
¡quién fuera la mitad de inteligente,
de diligente, bueno y responsable!,
¡quién consiguiera obrar merecimiento
de pasear contigo por la calle!
Ya todo humano me ha dado la espalda,
resido en un cubil, no tengo amigos,
debiera yo partir a soledades
pero no lograría seguir vivo;
intento que no veas esta estampa
que espíate asquerosa desde un nicho,
aúllo por las noches, lo hago mal:
morirme como un perro yo codicio.

67

¿Qué serás tú en mi jardín?
¡Sinfín!
Mujer, ¿qué me puedes dar?
¡Hogar!
¿A mi espíritu suicida?
¡La vida!
¡Ah, mi dueña amanecida!,
abres tus pétalos tiernos
y se cierran los infiernos
de mi morada homicida.
Morada del capitán…
¡El cian!
Tejado contra tormenta…
¡Magenta!
Del rey altivo castillo…
¡Amarillo!
¡Cuán blanco esplende tu brillo!
¡Cuán gozoso el himeneo!
Constrúyete tu museo
este humilde hombre sencillo.

68

¿Que por qué en el mundo hay mal?
¿Me lo preguntas en serio?
Devuélveme la cartera,
en cuanto lo hagas, empiezo:
mundo y carne y Satanás
son venero del pecado,
lo escribí en el Catecismo,
¿es que no lo has estudiado?;
¡que es que no te apetecía!,
no me digas más, Nemesio,
léelo, es nomás un rato,
ya discutiremos luego;
¿que tú crees más en el Karma?,
¡espera, no lo he grabado!,
repítelo, por favor,
¡ay, qué risa!, ¡¡¡me he meado!!!;
¿que es que no sabes leer,
tras diez años en la escuela?,
no puede ser, imposible,
ya no hay risa, hay una esquela;
¿que no sabes qué es "esquela"?,
¿dices que la culpa es mía…?

69

Es fácil percibir si es una dama,
si es libre o no de suyo una mujer,
¿libre y mujer?, prudente es y callada,
escucha y piensa y guarda la sandez;
la esclava siempre fue por parlanchina,
igual que en masculino es por cobarde,
quien esto no ha aprendido en esta vida
infiernos los vivió, en Infiernos arde;
¡qué fácil es hablar, comunicarse
con una dama como debe ser!,
placer suntuario para el caballero,
la reciprocidad, inmediatez;
¡cuán tristes son las álgebras de hogaño,
razón y libertades de ratones!,
ya pagará por siempre quien defiende
que axioma tal es cosa de opiniones.

70

Mi labor es frustrante,
porque aunque las palabras sean bellas
siquiera en un instante
son ni remotas huellas
de quien han referente las estrellas;
será bella "arrebol",
mas ¡ay!, ¿es comparable a tus mejillas?,
¡qué opacado farol!,
¡qué mojadas cerillas!,
ridículas, risibles las bombillas;
"efímero" es bonita
allá donde perenne tú hermoseas,
"ternura" dura grita,
las "preseas" son feas,
imitación de gestos y libreas;
incluso "compasión"
suena a timbal, tú suenas sinfonía,
dedico la atención
mas sé que es afonía
mi voz, y que mi triunfo es fantasía.

71

En la tumba de Laertes,
donde a ríos yo lo lloro,
en mármol y lacrimales
crece el moho, con su decoro,
y se acerca una partida
cuyo origen desconozco,
pero sé que no es mi bien
lo que busca, aquí me escondo.
Quien no sabe si es amigo
o enemigo suyo el otro
de sesera no anda bien,
ni que fuera misterioso.
Piensen quiénes son ustedes
y penetren en sus ojos,
no vaya a poner la cama
mientras le excavan el orto.
Estos tiempos son, no en vano,
quizá los más peligrosos,
escapa usted de usted mismo
y a quien viene a darle plomo
le regala sus abrazos,
el río, el llanto y el oro.

72

Ese Fausto de Gounod
que me asciende desde el piano
me lleva como rehén,
no deudor, ni su abogado,
me dice que soy su hijo,
me jura que soy su vástago,
a lo mejor es verdad:
reniego de mi pasado.
Cual pavana de Fauré
quiero ser libre en los prados,
pasos de oboe, tan liento
como lilios aflautados,
por compañía, un fagot,
clarinete y trompa en salmo
e, inocente, despertar
de la siesta como un fauno.

73

No hagas caso, sólo llueve,
nada nuevo hiere el mundo,
te levantas despaciosa,
salta un león a tus glúteos,
te los muerde, los devora,
luchas, cedes, ya un arrullo
briza tus párpados leves
como el alba en pleno julio.
Amanecer de tormenta,
mediodía y desayuno,
no me cuentes fruslerías
de si la guerra del culo
del mundo, de Gipití,
¿qué me importa ese capullo?,
¿quieres que vuelva a enseñarte
lo que es real y no infundio,
lo que siempre vencerá,
lo que es recto y nunca obtuso?
¿Que si tengo miedo al bicho?,
¿que si va a quitarme el curro?;
no será si tú no quieres,
si prefieres a este grullo,
eres libre de elegir:
o mis versos o los suyos.

74

Hay arte y religión, los hay a espuertas,
hay religión y hay arte, mas basura,
de tanto que hay vais a la sepultura
ceporros como cerdos en su engorde.
Es veros conmiseración y pena,
perdón si esto os ofende, pero adultos
debierais comportaros, si sois brutos
es vuestra culpa, ignorantes e innobles.
Pasáis de los consejos del doctor,
un Góngora, un Van Eyck, un Proust, un Mozart,
un Bach, un Joyce, un Goethe y quizá un Goya,
¡mejor un Instagram al reguetón!;
¡pues hale!, ¡al infarto de corazón!,
recetas colman vuestras papeleras
del móvil, sin leer, pues son cadenas,
decís que es el saber una opinión.

75

¿Quién soy? ¿La tosca mielga
que en Fócida demanda futilezas,
que avienta tan vacía
simientes no solventes, andariegas?,
¿quizá un traidor al agro
de parca, moribunda entendedera,
que explota a su mujer,
discreta y hacendosa su hilandera?,
¿cobarde miliciano?,
¿filósofo con aire en la mollera?,
¿profeta tuerto y malo?,
¿cantor que canta mal y mal poeta?
Debieras hoy matarme,
si te pido piedad es por si pecas,
la vida recibí
y la desperdicié con mis maneras.

76

No hay joven que sea fea
ni vieja que sea hermosa,
pero no temas, mi niña,
oye cuál mi lira entona:
eterno te acerca un trino
que barloventos remonta,
derrota a la palidez
del esqueleto y entrona
al colorido arrebol
que tu mejilla decora.
Seda te traigo en los dedos
que tocan tu piel preciosa;
"niña" te traigo en los versos,
ya sé que eres mi señora,
niña de mi poesía
es del mundo emperadora.

77

¡Malhaya del avaro,
el vicio y dolo de las solitarias
almas que sin remedio
transitan por el mundo condenadas!
Perdidas ya sin meta,
es tósigo el metal de sus entrañas,
perpetuamente hambrientas,
famélica la tumba acoge entrañas.
Es hora de medirles la pobreza
al peso del millón,
calibre cabalmente la balanza
dólar y perdición,
luchar igual que el codicioso estraza
la civilización,
y muda en un residuo la vitela
con su infernal sermón.

78

Vago errante por el mundo
en busca de compañera,
pero soy malo ligando,
sólo Soledad me espera,
¿qué dirán, cuál el secreto
de quienes más halagüeñas
respuestas obtienen, fácil,
de la mujer venturera?
¡Oh, Dios!, ¿por qué soy tan torpe
y estólidas mis maneras?,
¿por qué mi ligar tan feo y
fementidas mis promesas?,
¿qué dirán afortunados
para persuadir doncellas?,
¿por qué ninguna conmigo
se conmueve ni se queda?
Me instruyo, acerco el oído
y no encuentro contraseñas
más noblenas que las mías,
ni comprendo las esencias,
pero allí donde fracaso
otros vencen cual centellas,
¿será su lengua un misterio
encriptado a mi sesera?
Me espera mañana Bari,
ya me rechazó Matera,
rosas colman mi valija
y el ojal una azucena.

79

Transida de ascendente aristocracia
anidan dudas en tus cejas finas,
divagas tras cristales tus apuros
al humo de vanas cafeterías,
supura inteligencia contenida
tu frente cadenciosa, y tus dos manos
enmarcan melancólica una tez
que es urna opaca de claros arcanos.
Yo sé que te diriges al futuro,
conmuéveme tu viaje, pues soy viejo,
la vuelta del cordel ata las mías
y no queda más viaje que hacia el cuello;
quisiera conversar luengo contigo,
aparto los visajes transparentes,
delátanme estos ojos tan cansados
y debes tú vivir resplandeciente.

80

Es fácil para mí ser buen cristiano,
al fin y al cabo véote en el mundo,
¡cuán ardua la misión del otro lado!,
pues tú me ves a mí, tan tremebundo.
El Cielo es para mí tan cotidiano
como captar tu efigie por la calle,
lamento la inclemente pesantez
que se te impone a ti al catar mi talle:
si no eres más malvada es por milagro,
admiro tu tenaz perseverancia,
imita el hombre entorno, es bien sabido,
imito yo tu rostro y tu fragancia,
¿pero qué tienes tú como modelo?,
¿este feroz guiñapo apijotado?,
perdón por serte de tan poca ayuda,
tienes el Paraíso bien ganado.

81

Si es mi rapto de Oberón
no será por malicioso,
no soy malo, soy curioso
de esta jungla que es amor,
mi afición, arte y ensayo;
yo te aprendo, te investigo
tu latir tan distinguido,
tan galante tu primor.
Los balidos de vellón
ya serán de metal puro,
letras busco de conjuro
que satinen mi charol,
coronada ya estarás,
ya será sedeño el sayo,
mientras tanto, tu lacayo
va mudándose en señor.

82

En las huergas del Eria yo acostumbro
a malgastar mi tiempo de vejez,
recuéstome en un tronco, allí me anublo,
la pastorela baña mi jaez
y algún rebaño, lejos, su mecer
de voces me presta para mi turbio
holgar sin objetivo, y su pacer
a veces es placer de mes de junio.
Ovejas en rimero y un carnero
coreutas son de aquesta despedida,
las aves en su acuátil emerger
suelen más llevadera hacer la vida,
y mi alma así se aquieta mal dormida,
millaje de langor y no mujer
arropa mi ovillado estremecer,
y aplástanme las horas ya perdidas.
Alguna vez, si hay suerte, si sesteo
me creo que apareces juvenil,
el césped acaricia tu paseo,
desnuda, y con corona de un abril
silente te diriges hacia mí
y al muerto resucitas con un beso,
lo guardo y mis ronquidos agoreros
quedan interrumpidos. Soy feliz.

83

Cuando hablamos de venenos
allá donde el necio va,
traduzca quien lo traduzca,
ya de vuelta el listo está;
tosigosa eres, empero,
y este docto cirujano
te persigue a vaharadas,
medio muerto tras tu rastro;
no me blanda la monserga,
monseñor, que por sermones...
vivo yo del escribirlos
y comerte a pescozones;
morirá el alma suicida,
consecuente, avilantada,
si dijera "me arrepiento"
sería por condenada.

84

Azucena de blancura cicatera,
tu silueta en este pecho es el esqueje
del que en germen algún día la palabra
nacerá, facunda y santa torrentera.
Azucena, delicada, albina fuente
donde arraigan las mimbreras del recuerdo,
cada pétalo en mi mente es un escaque
de mi lúcido y utópico damero.
Azucena, si te arranco has de entender
que procedo con fin de inmortalizarte,
yo comprendo tu pavor ante mi foz,
gózala, la amputación de acariciarte.
Azucena, clama la emasculación
un exceso de rigor y de venganza,
por un tálamo derramo yo tu flor,
tú nos causas por responso la desgracia.

85

Hay arte y religión, una pandemia,
arte basura y religión chatarra
hasta la víscera más ermitaña
de este planeta gordo como un cerdo.
Hay alma desnutrida y hay miseria,
decís que al fin y al cabo qué me importa,
que piense yo por mí, la vida es corta,
que sois felices, y os zampáis un credo.
¿Que qué me importa? ¿Lo decís en serio,
parásitos aleves, contagiosa
caterva de leprosos asquerosa?,
¿no vivo acaso aquí y somos hermanos?
Es amargar la vida sólo el veros,
es pena del Infierno el escucharos,
decís que todo es bueno, pues sois malos,
parroquia de Satán, adultos necios.

86

Se te ha olvidado, querida,
un detalle en el debate:
la inteligencia es virtud,
la tontuna un disparate,
una ausencia, es un defecto,
¿argumento más allá?
¡Literatos para tontos!,
¡dónde vamos a llegar!
Es precisamente el mal
que afrontamos, compañeros,
clavar tu espada en tu vientre…
¡ay, menudos estrategos!
¿Y a los listos que los jodan?,
¡vive Dios, lo que hay que oír!,
¡también tienen madrecita,
digo yo, y pueden sufrir!
¿Que sólo es para plantar
la semilla en el hambriento?,
¿que al gran arte llegará
poco a poco, por sí, el lento?
Eso es como acostumbrar
a comer aire al famélico,
hamburguesas para el gordo,
¡más patatas al obeso!,
¿has visto acaso llegar
a Shakespeare al del tebeo?,
quedó probado, ya está,
salió mal tu experimento,
¿a qué esperas?, ¡marcha atrás!,
¿la extinción, el fin del mundo?,
¡Dios, responsabilidad!,
¿también tú, mi amigo Bruto?

Alta cultura progresa,
está claro, en Internet,
¡gracias, gracias, diosa Tele!,
¡cuánto has dado, cuánto bien!
Callaría y nada haría
si no fuera peligroso,
y el contagio asegurado,
y el enfermo codicioso;
a Dios pido algún milagro,
yo ya no sé lo que hacer,
que en las cátedras se sienta,
doctorado, Lucifer.

87

¿No te das cuenta, mi dama,
de cuánto me has insultado?,
¿ni siquiera este desastre
te ha valido, no ha bastado?
Con el llanto en la garganta
y guitarra en el regazo
elevo al cielo mi usanza,
este fado milenario.
¡Ah de la vida!,
no me respondes,
pronta la muerte
se te antepone,
no cederé,
notas enormes
de mi bordón
rubrico a golpes.
Nada queda de ternura,
las bombas ya han explotado,
yo me sumo en el resumen
de este siglo atrabiliario,
¿ni siquiera en este trance,
sinigual de atribulado
mi recado se hará lenguas,
desoído y humillado?
Peno sin ira,
negra es la noche,
negro el navío
que vira al norte,
recorro el Chiado,
ya no soy hombre,
sólo un espectro
sin horizonte.

¡Qué condición, qué ironía!
¡Vanidad del ordo humano!
¿Ni siquiera en despedida
vas a allegarme tu mano,
voy a bogar por tus ojos,
voy a varar en tus labios?
¡¿Qué nombre podré ponerle
a este fado rezagado?!

88

¿Conoces tú tu sabor?
¿A ardor?
¿Sabes a lo que sabes?
¿A suaves?
¡No lo sabes! ¡Mala suerte!
¿A muerte?
¿Cómo sabrías tú a inerte
si eres entera la vida?
Va mi vida dolorida
de suave el ardor que es comerte.
Deja que te muerda aquí…
¡Ay, sí!
Deja que te muerda acá…
¡Ay, ya!
¡Para quieta! ¿Por qué chillas?
¡Cosquillas!
¡Pues verás tras las rodillas!
Te has callado de repente,
¿por qué suenas diferente?,
se te palpan las costillas…

89

¿Adónde llevará en su movimiento
la nube que nos lleva, tan pesada?
Me has dicho tú que viaja hacia la Nada,
es otro empero mi presentimiento,
el gris, pienso, te tiene equivocada,
ves muerte donde existe cernimiento,
negar tan sólo y nulo prendimiento,
te veo yo feraz, precipitada,
en un arroyo claro y generoso,
en ínferos de flores encendidas,
en células que laten, siempre amenas,
y es que me ves a mí, tan andrajoso,
pero yo a ti y tus galas desmedidas,
¡me siento tan culpable por tus penas!

90

Eres como tú en el Cielo,
como cuando resucites,
mundana vista al futuro
por estas veredas grises,
¿has bajado anunciadora
de algún deleite imposible?,
en tu presencia hay placer
integral, irreductible.
En tu aplomo hay ligereza
como si elevaras alas,
*héla*s!, riegan tus misivas
como dadivosas riadas,
en las más sagradas urbes
conmemoran tus hazañas,
más allá de los concilios
el Espíritu proclamas;
y en los sermos y campiñas
son semillas tus palabras,
alguien cerca, en sus oídos
podrá escucharlas más claras.
A nosotros, los humildes,
nos llegan como espejadas,
como sombra de caverna,
insegura en la distancia.
El día de tu rechazo
me entró prisa por partirme,
¿quién soy yo para exigencias?,
baste el don que es el oírte,
he aprendido gratitud,
a loarte y a seguirte,
a cada noche esperarte
y en todo rostro sentirte.

91

¡Qué lejana está mi tierra!
¿No será acaso un recuerdo
desnortado y dolorido,
de invención y desconcierto?
Danzas en torno a una hoguera
desnuda y enloquecida,
en tu mano hay un cuchillo
y en tu pecho una gallina
derrama exangüe su sangre,
su tinta con tu jadeo
incendian mi triste mente
de muerte, dolor, deseo
de lecho, de tacto, piel,
yo encallo paralizado,
¡qué profunda es esta noche,
la noche del hechizado!

92

Bendecidos el año, el mes, el día,
la vida que transito entre estaciones,
países que fundaste con tus sones
que suenan en mi humana fantasía;
y bendecido el estro de quien fía
a tu manumitir sus ambiciones,
a tu munificencia y tus perdones
te tañe sin cesar, mortal porfía.
Bendecida palabra que en mi boca
troquea deleitada tus mil nombres,
balsámico tesón en dura roca;
bendecido en papel, condena de hombres,
poses sobre mi testa, Mona Loca,
tu mano celestial, y desescombres.

93

En el postrer ataque del demonio
renace, generosa, tu ternura,
fatiga, enfermedad, rigor, insomnio,
emerges en el sueño clara y pulcra,
furtiva, intersticial en apariencia,
como una luz me aseas blanca y pura,
no en cuerpo, se diría que en esencia
soñara y te encontrara en la penumbra;
tinieblas de este mundo me atenazan,
libérasme, me avisas y eres cura,
por eso reconozco que no es mala
la dulce, angelical presencia tuya;
¡qué sueños, cuánto amor en un instante!,
¡qué desprovista de ira y de lujuria!,
mi dama, pensamiento rutilante,
Beatriz sonora a veces, otras muda.

94

Cuando entras en un establo
lo transformas en palacio,
tabernáculos pesebres,
con alpacas un retablo,
y cantan polifonía
los seises de mi ganado,
yo me siento como un rey,
basta tenerte a mi lado;
¡juzgaste que te desprecio!,
el demonio te ha engañado,
que el amarte y el servirte
fue mi fe y mi abecedario;
sigue el rezar, es igual
que siempre el Santo Rosario,
cae la tarde entre murmurio
cenital y enamorado.

95

No por flecha, ni el arco,
ya sé que te recuerdo a Filoctetes
y sucumben inertes en el mar,
que es por náufrago, por cojo y pestilente,
envenenado, solo hacia la muerte,
y por abandonado.
Pero debo anunciarte, por si acaso,
que cuando haya finado
te pases y que ojees por el seco
pedroche donde yago,
porque paso escribiente
de versos para ti mi postrer trago,
y no todos los tiro, alguno guardo.
Tal vez resulte alguno de tu agrado.
Envía a tu marido, si no puedes.

96

Yo faltaré a tu entierro cuando mueras
y, doy por hecho, faltarás al mío,
el sacerdote en un orar vacío
blasfemará nostalgias esteperas.
No sólo faltaré, pues más sinceras
pronuncio las verdades de este frío,
ni sabré cuándo, cómo, y no confío
en tus conocimientos, aunque quieras.
Por eso este preludio, despedida,
compongo en esta tarde ya tardía,
quizá corazonada cruel y herida
asalte traicionera el negro día;
adiós, mi amada, ten buena acogida,
total es mi perdón tras la agonía.

97

Comerme más madrugadas
me toca, que han sido pocos
los misgos a mi pellejo,
rumbático, no sé cómo,
a rastras entre las sábanas
me entran trembleques de pronto,
patatús, la tos, el miedo,
fantasmas de negros rostros:
hay un Satanás locuaz,
desnudo de mero rojo,
¡qué estéril es el terror
cuando lo ensueñan los locos!,
hirviente también el ángel
que lo ahuyenta con sus oros,
sus artísticos misales
ajenos, con ser hermosos;
hay nata que mata flores,
mucílagos de una foto
que me despierta un deseo
tan comezón que ni noto,
comiénzame por los lomos
y me deforma en sus tornos,
¡qué tontos fuimos, amor!,
lo fuimos y, en fin, lo somos;
hay una maza muy obscena
preterida entre unos polvos
fracasados, blanco y negro,
era anterior a este mozo;
despierto en el baño fumo
un cigarro silencioso,
ayer soñé que era pobre,
hoy sueño que soy famoso.

98

Es nuestro mal tan sólo la tristeza,
ya sé que cuesta a veces percibirlo,
si fuera fácil tal vez combatirlo
podríamos, mayor nuestra destreza;
destroza nuestro cuerpo y la cabeza
deforma, enferma, no sabe sentirlo,
contagia a quien intenta rebatirlo,
parece resistente quien más reza;
pero la fuerza cede, pronto o tarde,
quien lleva la razón también revienta,
espumarajos salen de su boca;
parece que el cortés, no por cobarde,
perdura un poco más y que es más lenta
en quien le da la espalda y no provoca.

99

Debieran ver Pinocho, coterráneos,
a ver si al fin revientan de vergüenza,
quizá les quede grande, lo comprendo,
si quieren se la explico, no se pierdan,
usted, ¿adónde mira, ciudadano?,
¿y usted?, no se distraiga, mi princesa,
un poco de silencio, por favor,
¡esto es un gallinero, vaya selva!
Espejos explotando a naringazos
volean navajadas de caverna,
se clavan en los pies, el pecho, el alma,
¿podría rebuznar una ballena?,
¿serán purificados por el fuego?,
¿un hada bajará, por ser tan buena?,
las ropas les suprime el predador,
sus últimas palabras son "¡espera!"
Ya no pido ni adultos, pragmatismo,
con niños le bastara a nuestra tierra
que llora tempestad, desconsolada,
zorruna, acemilar es la respuesta;
probé yo por azar con Baltasar,
vacías las butacas del cinema,
panderos a plena ludopatía
emigran de la cátedra a la feria.
Quisiera no ver yo, quedarme ciego,
feróstico animal, ¡quién no lo viera!,
el panorama todo me horroriza,
barbarie por cien mil, ¡menuda época!
Antes de regresar hoy a la cama
concedan un segundo a su conciencia:
si no hay vergüenza ya en usted, compadre,
tendré que padecerla yo, una bestia.

100

No sobrevivimos a la pandemia,
va lenta, fase a fase, y es peor
de lo que imaginar mente pudiera,
más pérfida y astuta y más atroz;
envío este mensaje hacia el futuro,
confío en que alguien sepa, en fin, leerlo,
porque no soy inmune y no estoy puro,
quizá sea más duro durar, serlo;
que sean estos versos testimonio
de un último estertor de la conciencia,
alguien lo discernió, dure mi anónimo,
de que hubo inteligencia aquí en la tierra.

ÍNDICE